Zhongguo Wenhua
Zhishi Duben

中国文化知识读本

主编 金开诚

编著 苏义发

乾陵与无字碑

吉林出版集团有限责任公司

吉林文史出版社

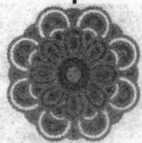

图书在版编目（CIP）数据

乾陵与无字碑 / 苏义发编著 .—长春：吉林出版
集团有限责任公司：吉林文史出版社，2009.12（2022.1 重印）
（中国文化知识读本）
ISBN 978-7-5463-1271-2

Ⅰ.①乾… Ⅱ.①苏… Ⅲ.①唐墓－研究－乾县
Ⅳ.① K878.84

中国版本图书馆 CIP 数据核字（2009）第 222975 号

乾陵与无字碑

QIANLING YU WUZIBEI

主编/ 金开诚 编著/苏义发
项目负责/崔博华 责任编辑/曹恒 崔博华
责任校对/梁丹丹 装帧设计/曹恒
出版发行/吉林文史出版社 吉林出版集团有限责任公司
地址/长春市人民大街4646号 邮编/130021
电话/0431-86037503 传真/0431-86037589
印刷/三河市金兆印刷装订有限公司
版次/2009 年 12 月第 1 版 2022 年 1 月第 4 次印刷
开本/650mm×960mm 1/16
印张/8 字数/30千
书号/ISBN 978-7-5463-1271-2
定价/34.80元

关于《中国文化知识读本》

　　文化是一种社会现象，是人类物质文明和精神文明有机融合的产物；同时又是一种历史现象，是社会的历史沉积。当今世界，随着经济全球化进程的加快，人们也越来越重视本民族的文化。我们只有加强对本民族文化的继承和创新，才能更好地弘扬民族精神，增强民族凝聚力。历史经验告诉我们，任何一个民族要想屹立于世界民族之林，必须具有自尊、自信、自强的民族意识。文化是维系一个民族生存和发展的强大动力。一个民族的存在依赖文化，文化的解体就是一个民族的消亡。

　　随着我国综合国力的日益强大，广大民众对重塑民族自尊心和自豪感的愿望日益迫切。作为民族大家庭中的一员，将源远流长、博大精深的中国文化继承并传播给广大群众，特别是青年一代，是我们出版人义不容辞的责任。

　　《中国文化知识读本》是由吉林出版集团有限责任公司和吉林文史出版社组织国内知名专家学者编写的一套旨在传播中华五千年优秀传统文化，提高全民文化修养的大型知识读本。该书在深入挖掘和整理中华优秀传统文化成果的同时，结合社会发展，注入了时代精神。书中优美生动的文字、简明通俗的语言、图文并茂的形式，把中国文化中的物态文化、制度文化、行为文化、精神文化等知识要点全面展示给读者。点点滴滴的文化知识仿佛繁星，组成了灿烂辉煌的中国文化的天穹。

　　希望本书能为弘扬中华五千年优秀传统文化、增强各民族团结、构建社会主义和谐社会尽一份绵薄之力，也坚信我们的中华民族一定能够早日实现伟大复兴！

目录

一 举世瞩目的乾陵

乾陵入口台阶

乾陵位于古城西安西北 80 公里处的梁山，是大唐王朝第三位皇帝李治和中国历史上唯一的女皇武则天的合葬陵墓，是中国乃至世界上独一无二的一对皇帝夫妻的合葬宝地。

（一）乾陵的选址

梁山自周、秦以来就是闻名遐迩的名胜古迹。历史文献曾记载：古公亶父（周太王）逾梁山而载弘基；秦始皇筑宫梁山而御夷狄；唐代的"丝绸之路"也都路过梁山。梁山主峰海拔 1047.9 米，形状如锥，优美峻秀；东濒泔河，西临漠水；麓林葱茏，古柏参天；

环境肃穆，地势险要，堪为东西交通之咽喉，亦是古代兵家的必争之地。另有风水先生认定，此梁山将有利于女主为居。

有鉴于此，代唐为周的武则天便把梁山选为丈夫与自己归天之后的陵寝。

从唐史资料上看，有关乾陵选址的传说是：唐高宗李治登基伊始，就派舅父长孙无忌和太史令（主管天文历法）李淳风巡视梁山，发现此山是世间少有的一块"龙脉圣地"。他俩回到京城面禀高宗的时候，在殿内的大臣袁天罡却坚决反对，袁对高宗说："梁山从外表上看是一块风水宝地，但细看有许多不足之处：一是梁山虽东西

远眺梁山

举世瞩目的乾陵

整个梁山山形远观似少女平躺

两面环水，能围住龙气，但与太宗龙脉隔断，假如百姓选祖茔于此，是可以兴盛三代，但作为帝王之陵址，恐三代后江山有危。大唐龙脉从昆仑山分出一支过黄河，入关中，以岐山为首向东蔓延至九峻山、金粟山、嵯峨、莽山。今太宗已葬九峻山，为龙首。陛下不可以后居前，况梁山又非龙首，而是周代龙脉之尾，尾气必衰，主陛下治国无力。二是梁山北峰居高，前有两峰似女乳状，整个山形远观似少女平躺一般。陛下选陵于此，恐从此后为女人所控。三是梁山主峰直秀，属木格，南二峰圆利，属金格。三座山峰虽挺拔，但远看方平，为土相，金能克木，土能生金，整座山形龙气助金，地宫营主峰之下，主陛下必为金格之人所控。依臣愚见，若陵址定于此山，陛下日后必为女人所伤！"听了袁天罡有条有理有据的分析之后，唐高宗犹豫不决了。众所周知，武则天是颇有心计的女人，早有她的亲信把袁天罡的观点、长孙无忌和李淳风的意见通盘告诉了她。当天夜晚，她利用侍寝皇上的机会，说服了唐高宗，选择梁山为陵址。

事后，袁天罡仰天长叹："代唐者，必武昭仪也。"不久，他辞官出京，周游天下

乾陵与无字碑

乾陵选址十分讲究

去了。

　　至于陵墓的名称，朝臣们有两种意见：一种意见是定名承陵，因为唐高宗的父亲唐太宗李世民的山陵叫昭陵，彰显帝王之意，子承父业，承受太宗恩泽；另一种意见是以长孙无忌为代表，他认为："梁山位于长安西北，在八卦中属乾位，乾为阳、为天、为帝。长安是陛下今世帝都，梁山自然为陛下万年寿城的天堂帝都，人间、天堂，天地合一，乾坤相合，主陛下永世

举世瞩目的乾陵

梁山主峰被作为陵冢开工修建

为帝王。依臣之见，就定名为乾陵吧！"唐高宗采纳了长孙无忌的意见，把陵墓的名称定为乾陵。

（二）乾陵的规模

乾陵开工修建于 684 年，即唐高宗死后的第二年，武则天遵循唐高宗"得还长安"的遗愿，命令尚书韦待价为山陵史，户部郎中韦泰真为将作大匠，调集民工、兵士二十余万人，在关中渭北高原的吉祥之地——梁山大兴土木，建造乾陵。

据《新唐书陈子昂传》记述：乾陵按"因山为陵"的唐代殡葬制度，将梁山主峰作为陵冢，在梁山的山腰开凿洞穴设造地下玄宫。"山陵穿复必资徒役，率癃弊之众，兴数万之军，调发近畿，督扶稚老，铲山背后，驱以就功。"历经300多个日夜的修造，到文明元年（684年）九月，最迫切的工程基本完成。因为唐高宗驾崩于洛阳，为了把他的陵寝搬到乾陵，所以要加紧修筑他的陵冢。之后，埋葬唐高宗的乾陵营建工程进一步进行。22年后，即神龙元年（705年）武则天病逝。继承皇位的唐中宗李显，又名哲，复唐国号，为满足母后归葬梁山与丈夫唐高宗李治并骨合葬的遗嘱，力排众议，下诏挖掘乾陵埏道，开启墓门，将武则天的遗体安葬于乾陵地玄宫，时年神龙二年（706年）五月。由此形成了中国古代帝王陵墓中唯一的一座一个陵墓埋葬两个皇帝的陵园。继之，唐中宗、唐睿宗两朝又将二太子、三王、四公主、八大臣等17人陪葬乾陵。乾陵的营造修建的整个工程经历了武则天、唐中宗、唐睿宗三朝才最后宣告竣工，前后长达几十年。

应当指出，乾陵营建时值大唐盛世，财力、物力、人力充足，乾陵建筑美轮美奂，

唐高宗乾陵石碑

举世瞩目的乾陵

"因山为陵"的乾陵

堪称中国历朝历代皇家陵墓之冠。一是发展完善了"因山为陵"的殡葬制度。"因山为陵"之制起始于唐太宗李世民与长孙皇后的昭陵，由当时建筑艺术家阎立德、阎立本设计，既有建筑群又有雕刻群，辉煌壮丽地设置在"龙盘凤翥"之势的山峦上。乾陵分皇城、宫城、廊城三大部分，仿照首都长安的建筑布局进行修建，其南北距离 4.9 公里，城垣两重，城门有青龙门（东）、白虎门（西）、朱雀门（南）、玄武门（北）；陵园内呈正方形，东墙长 1582 米，西墙长 1438 米，南北墙各 1450 米，建筑面积 230 万平方米；城内有献殿、偏房、回廊、阙楼和狄仁杰等 60 朝臣像祠堂。不幸的是，这一辉煌的建筑群，在"安史之乱"中遭到严重破坏。《唐会要》记载：贞元十四年（798 年），乾陵修葺时曾造屋 378 间。此后历经 1300 多年的风雨沧桑，乾陵地面上宏大瑰丽的建筑已荡然无存，唯陵园内城朱雀门外司马道西侧沿主轴线列置的 120 余件精美绝伦的大型石刻群，成为盛唐时代社会蓬勃

陵园司马道两侧陈列的石像

石刻翼马

发展的真实写照。

二是乾陵的规模体现了大唐盛世的精神风貌。

人们观赏梁山南二峰，深感天然双阙升起的姿态，相互关照往北对称排列，首要位置是一对8米多高的八棱柱石华表，显示生命长存和古代先民对人类繁衍生息的理念，更是帝王陵墓威严无比的标志。接下来是一对石刻翼马，昂首挺胸，浑圆壮健，石马两翼雕纹呈卷云形状，给人以天马腾飞行空的感觉。石刻翼马的北边则是一对优美的高浮雕鸵鸟，这是西域人民同中原唐代民众友好往来，进行密切文化交流的象征。紧挨鸵鸟

优美的鸵鸟浮雕

之后的是五对配有驭手的石仗马和十对高达 4 米的直阁将军（石翁仲）的石雕。人们传说：翁仲将军是秦王朝戍守甘肃临洮的大将，所向无敌，威震夷狄。秦始皇特在京城咸阳宫司马门外树立翁仲像，从此以后的皇帝都以翁仲石像镇守陵园，以求安全。过了翁仲石像便会看到西、东两通高大石碑。西侧的是唐高宗李治的金字《述圣碑》，为女皇武则天所立，碑文由她亲撰，歌功颂德的文字共有 5600 多字，皇子即唐中宗李显书丹、通篇笔画刻填以金屑，经 1300 余年的风霜雨雪的浸刷，如今不少字的金屑痕迹犹存。东侧的石碑则是武则天的无字碑，高 7.53 米，比西侧唐高宗李治的石碑（高 6.30 米）高出 1.23 米；宽 2.1 米，比唐高宗石碑宽度 (1.86 米) 宽出 0.24 米，厚 1.49 米；重达 98.8 吨。碑身是用一块完整的巨石雕琢而成，碑身两侧各刻四季相缠相绕的螭龙，亲密无间。石碑碑座阳面刻有"狮马图"，长 2.14 米，宽 0.66 米。无字碑的整体挺拔雄浑，威武宏伟；螭龙、狮马等精雕细刻，优美无比，是中国历代群碑雕刻艺术中的巨擘。

乾陵石雕在雕塑艺术上有承前启后的宝贵价值，唐太宗昭陵墓前的著名高浮雕石刻昭陵六骏，以及后来唐顺宗李诵的顺陵前的雕刻造像，都是石雕中的珍品，乾陵石雕具

乾陵西侧述圣碑

乾陵与无字碑

神道两侧的翁仲石像

有规模宏大、气势豪迈、造像雄浑、人物丰富、动物逼真的特点，充分体现出大唐兴盛时期追求完美、锐意进取的精神风貌。

乾陵中无字碑，不铭不刻唐人一字一划，悠悠千载，留给后人诸多待解之谜。

（三）乾陵显现端倪

乾陵的魅力举世瞩目；两朝皇帝一男一女且为夫妻合葬一起，这是世界上独一无二的；乾陵珍藏之瑰宝既无数又无价，被盗被炸多次却找不到墓道入口，谜一样的魅力久存于世。随着岁月的流淌，一直到 20 世纪 50 年代，墓道终于被人们意外发现，乾陵面貌显现端倪。

乾陵西侧的黄巢沟

据历史文献记载，五代时期的后梁耀州节度使温韬说："唐诸陵在其境内者，悉发掘之，取之所藏金宝……唯乾陵风雨不可发。"广明元年（880年）冲天大将军黄巢率起义部队数十万攻克洛阳，军粮匮乏之际，他动用将士盗挖乾陵数日，只挖出40余米深的大沟，也没有找到进入陵墓的道口，后因唐军合围追剿而放弃盗挖乾陵。事隔1200多年后的今天，在梁山主峰西边仍保留着这条深沟，史称"黄巢沟"。20世纪二十至三十年代，军阀混战，穷兵黩武、盗掘古墓成风。国民党将领孙连仲率兵驻扎陕西梁山，以军事演习作幌子掩护一个师的兵力盗掘古墓乾陵，一边枪炮齐鸣，一边用炸药炸了多处地方，几个昼夜过后，还是没找到墓道洞口。当又一个夜幕降临，士兵仍在盲目挖掘时，突然空中雷鸣电闪，接着下起瓢泼大雨，不知是谁惊叫："女皇显灵了，天打五雷劈呀！"一刹那，传言四起，士兵纷纷逃避，孙连仲匆匆率部撤离。

1958 年的冬季，西兰铁路重新开工，从西安到兰州必须经过乾陵。为了解决当大量石料的问题，乾陵附近的群众来了个就地取材，便登上梁山炸石崩料。当年的 11 月 27 日，贺社社等多位农民来到梁山

雕刻十分考究的石狮

举世瞩目的乾陵

015

乾陵博物馆

主峰东南坡（距武则天无字碑 1 公里处）放炮炸石，三声炮响过后，半空中飞出块块条石，落地之后被他们捡起，发现石条上面有字，莫非是姑婆陵里的东西（久居乾陵附近的群众习称武则天为姑婆），他们不敢怠慢，便跑到乾县办公室向一位姓杨的干部汇报了意外发现的情况。后经乾县县委、县政府派人到现场查看，证实这些石条是人工所凿，是乾陵里的文物，立即派杨干事赶赴省城汇报。12 月 4 日，陕西省文管会的杨正兴、雒仲儒等同志进驻乾陵，再次勘察农民炸石的地方，初步断定这是乾陵的一个通道口。1960 年 2 月，陕西省"乾陵发掘委员会"成立，并开始了挖掘工作。5 月 12 日，墓道砌石披露出来，沉睡千年的墓道之谜竟被农民贺社社等人意外发现了。

发掘显示：乾陵地宫墓道在梁山主峰东南半山腰部，由堑壕和石洞两部分组成。堑壕深 17 米，全部用长 1.25 米，宽 0.4—0.6 米的石条填塞。墓道呈斜坡形，全长 63.1 米，南宽北窄，平均宽 3.9 米。石条由南至北顺坡层叠扣砌，共 39 层，平面裸露 410 块，约共用石条 8000 块。石条之间用燕尾形细腰铁栓板拉固，上下之半凿洞用铁棍横穿，

乾陵与无字碑

破损的石像

以熔化锡铁汁灌注，与石条熔成一体。挖掘情况与《旧唐书·严善思传》"乾陵玄阙，其门以石闭塞，其石缝隙，铸铁以固其中"的记载相同。另外，考古工作者在陵山周围也没有找到盗洞和被扰乱的痕迹，从而证明乾陵是目前唯一未被盗掘的唐代帝王陵墓。

再据乾陵《述圣纪》碑文所述：唐高宗李治临终遗言，把他生前珍爱的书籍、字画等全部埋入陵寝。女皇武则天没有辜负唐高宗的遗愿，将他所有珍爱的遗物尽数安放陵寝之中，因此断言，乾陵的珍品宝物价值连城。根据西安文保中心的有关专家的回忆，推测乾陵墓室是由墓道、过洞、天井、甬道，以及前、中、后三个墓室合成，或有耳室。中室置有棺床，以放置皇帝的棺椁（梓宫），其底部有防腐和防潮的材料，多以珍宝覆盖，再其上加用"七星板"，板上放置席、褥，旁置衣物及珪、璋、璧、琥、璜等六玉。皇帝身穿 12 套大敛之衣，头枕玉匣，口含玉贝，仰卧于褥上，面朝棺盖。盖内侧镶饰黄帛，帛上绘有日、月、星辰及金乌、玉兔、龙鹤等物。地宫的后室设石床，其上放置衣冠、剑佩、千味食及死者生前喜好之用品。地宫前室设有"宝帐"，帐内设神座，周围摆设玉质的"宝绶""谥册""哀册"。另外在过洞两侧的耳室和甬道石门

乾陵地宫

举世瞩目的乾陵

乾陵述圣碑

的前后，也有大量珍贵的随葬明器。

专家樊英峰先生撰文讲解：目前考古工作者将乾陵地宫内可能藏有的文物划分为六大类：

一是金属类，有金、银、铜、铁等所制的各类礼仪器具，日常生活用具和装饰品、工艺品等；

二是陶、瓷、琉璃、玻璃等制造的器物；

三是珊瑚、玛瑙、骨、角、象牙等制造的各类器具和装饰物；

四是石质品，包括石线刻、石画像、人物及动物石雕像、石棺椁、石函和容器；

五是壁画和朱墨题刻；

六是纸张、典籍、字画、丝绸和麻类织物，漆木器、皮革与草类编织物等。可以深信，乾陵幽宫重启之日，必是石破天惊之时。那时，盛唐文化的奇异风采将让世界为之惊叹。

横空出世，苍莽神奇，巍哉乾陵。

望"品"字三峰，雄浑高耸；

阙前双碑，峻拔毕挺。

石狮蹲坐，鸵鸟独立，翁仲肃然守宁静。

洗尘心，会神秘庄严，祥和仙境。

梁山如此恢宏，诏四海宾朋奉天行。

感浩浩之气，荡于环宇。

乾陵与无字碑

秦川尽览，渭河观流。

蕃臣石群，体态谦谦，陪葬冢点点星星。

越千年，与则天同在，芳名不朽。

（摘自白如冰《沁园春·乾陵》

乾陵内破损的石像

（四）乾陵陪葬墓

根据史书记载，乾陵陵墓原有内外两重城墙，还有献殿、阙楼等诸多宏伟的建筑物。现经陕西省"乾陵发掘委员会"专家学者的勘探、发掘和考证，乾陵内城总面积240万平方米。城墙四面，南有朱雀门，北有玄武门，东有青龙门，西有白虎门，

举世瞩目的乾陵

021

从乾陵头道门踏上石阶路，计537级台阶，其台阶高差81.68米。走完台阶即是一条平宽的道路直至唐高宗李治的陵墓碑，这条道路便是"司马道"。两旁现有华表1对，翼马、鸵鸟各1对，石马5对，翁仲10对，石碑2座，东为无字碑，西为《述圣记》碑。有王宾像61尊、石狮1对，周围还有17座陪葬墓。"唐高宗陵墓"墓碑高近2米，是陕西巡抚毕源为唐高宗所立，原碑已毁，现在这块碑是清乾隆年间重建的。此碑右前侧另一块墓碑，是郭沫若题写的"唐高宗李治与则天皇帝之墓"12个大字。另外在南门外有两块石碑，

乾陵司马道

乾陵与无字碑

乾陵入口处的华表

一块是武则天为高宗歌功颂德的《述圣记》碑，另一块是《无字碑》。还有参加唐高宗葬礼的中国少数民族首领和友好国家使臣的石雕像61尊。在中国历史上陵前石刻的数目、种类和安放位置是从乾陵开始才有了固定的制度，一直延袭到清代，历代大同小异。

乾陵的陪葬墓共有17座，计数如下：太子墓2座（章怀太子李显、懿德太子李重润）；王墓3座（泽王李上金、许王李素节、彬王李守礼）；公主墓4座（义阳

举世瞩目的乾陵

郭沫若题写的"唐高宗与则天皇帝之墓"石碑

公主、新都公主、安兴公主、永泰公主）；大臣墓 8 座（王及善、薛元超、杨再忠、刘审礼、豆卢钦望、刘仁轨、李谨行、高侃）。1960 年至 1971 年已先后发掘了永泰公主、章怀太子、懿德太子、中书令薛元超、燕国公李谨行共 5 座陪葬墓，出土珍贵文物 4300 多件。其中有 100 多幅绚丽多彩的墓室壁画，堪称中国古代瑰丽奇绝的艺术画廊；《马球图》《客使图》《观鸟捕蝉图》《出猎图》《仪仗图》等壁画，不仅对研究唐代绘画，而且对研究唐代建筑、服饰、风俗习惯、体育活动、宫廷生活、外事、往来等都具有重要价值。

二　众说纷纭的无字碑

历史上最早的无字碑是泰山无字碑

无字碑，通俗的说法是没字碑，也叫白碑，是雕刻中的一种非常独特的现象。无字碑，起迄年代绵长，寓意深远，往往给人提供广阔的思想平台和联想的空间。

（一）无字碑的缘起

中国历史上最早的无字碑是山东泰山登封台下无字的石碑。一说为秦始皇所立，另一说是西汉武帝所立。

在泰山玉皇顶的天门下，登封台的北边，无字碑高 5.2 米，碑身上段比较细，碑顶端有复盖，碑色黄、白，石碑前后两面均无字。

具体地说，认为无字碑为秦始皇所立，是因为他的功德无量，实现大一统天下的功

绩难以用文字表述；再者，秦始皇"焚书坑儒"之后无人写字了，故所立碑上无字。这两种说法多出于人们的揣测，缺少根据或佐证。有些说服力的当属明代诗人张铨，其诗文"袖携五色如椽笔，来补秦王无字碑"，认为泰山登封台无字碑是秦始皇所立，此说可作人们的参考。

第二种说法是泰山登封台无字碑系西汉武帝刘彻所立，理由之一：明清之际著

名思想家顾炎武在研读《史记封禅书》和《后汉书》之后说："岳顶无字碑，世传为秦始皇立。按秦碑在玉女池上，李斯篆书，高不过五尺，而碑文并二世诏书咸具，不当又立此大碑也。考之宋以前，亦无此说。因取《史记》反复读之，知汉武帝所立也。"（引自《日知录·泰山立石》）理由之二：曾任中国科学院长、著名史学家郭沫若在1961年登泰山时，在《观日出未遂》中说："磨抚碑无字，回思汉武年。"印证了无字碑是汉武帝所立。

无字碑给后人留下了很多猜想

由此可见，无字碑可以说早在西汉朝代已经出现，并不是唐周朝代武则天女皇的独创。无字碑的出现，有主观上的原因，墓碑的主人自己不好意思对自己评功摆好，或觉得自己功过参半不好评价等；客观上讲，也许原来碑上有刻字，后经长年累月的自然风化侵蚀，由有字变成无字等，尽管这种可能性较小。

还有没有其他原因形成的无字碑呢？回答是肯定的：有。比如说黄初元年（220年），魏文帝曹丕下令重新修建孔子庙，庙内必须设立孔子尊像，其两侧要有诸弟子的塑像，但"庙立七碑，二碑无字"。

众说纷纭的无字碑

无字碑早在西汉时期就已经出现了

不言而喻，"二碑无字"就属于预留性质无字碑。安徽省凤阳县是明太祖朱元璋的祖籍，其皇陵有二百多米长的神道建筑，在神道起点的两侧各立两座石碑，且有碑亭蔽护，但两座高大的石碑却是一字无有；自此始，明代的献陵、景陵、裕陵、茂陵、康陵中的石雕陵碑均无字，亦属预留性质的无字碑。明代的嘉靖皇帝，从17岁开始信奉神道，以后追求长生不老，只想成"仙"，没有心思撰写什么碑文，直到他过多服用"仙丸"中毒死去，也没有写上碑文。

乾陵与无字碑

前文提到的无字碑成因，或有自然因素，或有人为原因，可从北魏地理学家郦道元所著《水经注》中找到根据，比如山西晋阳城南介子推祠的石碑，又如九嶷山大舜庙前的石碑，皆因"今文字剥落，无可寻也"，"文字缺落，无可复识"。再如，明朝建文皇帝朱允炆的侍读大学士方孝儒，在洪武四年（1371年）写过一篇碑文铭记，镌刻在江苏苏州玄妙观中的石碑上，其碑文气势磅礴，其字如铁划银钩，可是后来因为他不肯为明成祖朱棣草拟登位诏书，不但被诛杀，而且苏州玄妙观里石碑上面碑文刻字也被全部铲除，造成了人为的无字碑。

关于无字碑有多种说法

众说纷纭的无字碑

有关无文碑的比喻义还有一些逸闻趣事。

据载：无字碑在以碑喻人时，为对标格清峻而不为文章或少识文字者的谑称。"唐朝有个叫赵崇的人，满腹经纶，述而不作，只能夸夸其谈，却不会写文章……号曰'无字碑'。"（冯贽《记事珠·无字碑》又如五代时候，"后唐明宗要选一位宰相，征求大臣们的意见，有人推荐崔协，反对者认为其不识字，虚有其表，号为无字碑"。（孙光宪《北梦琐言》）

（二）六块无字碑

中华历史五千年精粹，其中引人入胜的无字碑，成为地方历史文化遗产，或成为中

泰山无字碑传为汉武帝刘彻所立

乾陵与无字碑

谢安像

国乃至世界物质文化遗产的无字碑计有六块，很值得挥笔疾书。

第一块无字碑是山东省泰山市泰山玉皇顶的登封台无字碑，前文已有论证，不再赘述。

历史上第二块无字碑是谢安墓碑。谢安是陈郡阳夏（今河南太康）人口南迁士族之一，少时为王导赏识。曾与书法家王羲之、名僧支遁交游，屡辞朝廷征召。年逾40方出仕，历任尚书仆射、中书监、

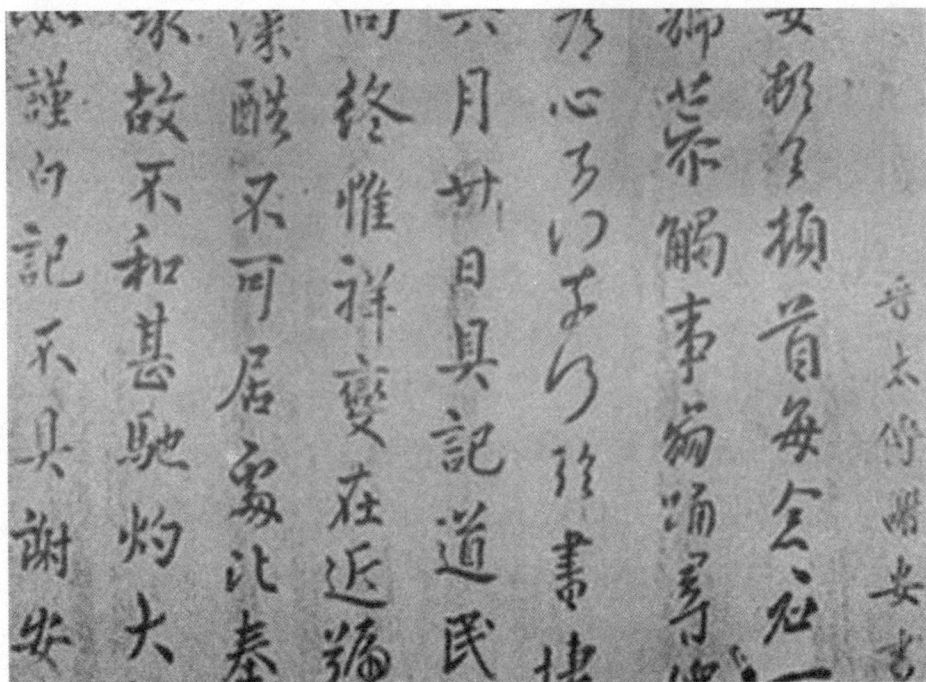

谢安笔迹

骠骑将军、录尚声事，官至司徒。太元八年（383年），前秦国王苻坚率数十万大军，分三路南下，企图一举攻灭东晋。谢安则以八千之众迎敌，激战于淝水，苻坚大败，从而东晋偏安38年。为纪念谢安，特选址南京的梅岗修筑茔墓，墓碑"有石而无其辞，人呼无字碑"。原因是谢太傅（指谢安）之功德难为称述，故立白碑。另有一种传说，谢安在弥留之际，有人问他请谁撰写碑文，谢安不答，再问请陶渊明还是请王献之撰写碑文？谢安摇头不语，一直到谢安与世长辞也没确定下来谁写碑文，只好树立无字碑了。

乾陵无字碑是中国历代群碑雕刻艺术中的巨擘

据《刘宾客嘉话录》云："东晋谢太傅墓碑，但树贞石，初无文字，盖重难制述之意也。"此说亦通。《天津日报》1977年1月16日载文：谢安墓碑"功高百世无胜记，宇内常留无字碑"。

第三块无字碑是乾陵武则天的无字碑，立于陕西省咸阳市西北方50公里的地方，在乾陵司马道东侧，此靠上阙南依翁仲，西同《述圣纪》碑相对，巍峨壮观，从设计到树立，从位置选择到雕刻艺术，不仅地位显赫，而且石刻独特，因各种各样充满传奇色彩的故事而备受青睐。

众说纷纭的无字碑

自秦皇汉武以来，帝王将相、皇亲国戚，谁不希冀死后能树碑立传，但是中国历史上唯一一位女性皇帝的巨大石碑上却没刻一个字，这是为什么呢？

　　另据陕西文物研究所多年前的考察，偶然发现了无字碑的阳面从上到下刻满了小方格子，每个小方格子长4厘米，宽5厘米，排列非常整齐。经专家反复考证，这些小方格子并不是后人刻画上去的，而是当初准备在石碑上刻字用的。再经计算小方格子大概有3300多个，正好适用于碑文。

　　为什么小方格子都准备好了，而碑文却不刻在碑上呢？史学家推断：武则天把自己写好的碑文交给了儿子李显，李显出于对母

乾陵内其他碑刻

乾陵与无字碑

亲的积怨，表面上答应，暗地里不说雕刻之事，因而把写好的碑文留了下来，或者销毁，这样就出现了无字碑。

岁月在流逝，无字碑的缘起和变化已成为历史。然而，对无字碑的猜测、推断、争论依然在继续。今天的人们站在武则天的无字碑前指指点点，或摄影留念，或赋诗慨叹，或抒发己见，众说纷纭。

后人对武则天的无字碑有几种猜测，虽然各有各的道理，但却不够完整、全面。

第一，这块无字碑是女皇武则天去世后树立起来的，这和她本人的真实意图

众说纷纭的无字碑

有多大关系？令人质疑。东北师大历史系教授吴枫与唐史研究专家常万生在合著的《则天女皇》一书中写道："神龙元年（705年）的冬日是寒冷的，飒飒北风吹打着上阳宫的枯枝衰草，寂寞异常的宫殿显得更加冷清。十二月二十六日，武则天在孤独中长眠了，凝固在她脸上的表情是复杂的：是悔恨，是哀怨，也像是有着未能出口的歉憾。她的枕下是一纸仅有寥寥数语的遗诏，上面书写着她的最后的愿望：去帝号，称则天大圣皇后。"

乾陵翁仲石像

武则天临终遗嘱，除了"去帝号，称则天大圣皇后"外，还有："归葬乾陵（唐高宗的陵墓）；赦免王皇后、萧淑妃两族及褚遂良、韩瑗、柳奭的亲属。"

至于"只立碑，不刻字"的遗嘱，不知出处在哪里，很可能是传说或"据说"而已。综上所述，无字碑名副其实，只字未刻，与武则天临嘱没什么关系。

第二，从中国古代皇帝陵寝制度上看，中国古代皇帝陵寝是非常讲究的，但不立碑是因为皇帝是"真龙天子"，功德无比，不是立一块碑所能歌功颂德得了的。秦始皇、汉武帝、唐太宗等名皇驾崩之后修建

众说纷纭的无字碑

乾陵石像

陵寝，并没有歌功颂德的巨石碑文。但是，女皇武则天刚愎自用，标新立异，敢于在丈夫唐高宗死后突破皇帝不立碑文的传统制度，立下石碑，亲自撰写《述圣纪》，一来表达对唐高宗的敬仰之情，二来寄托夫妻爱恋。从此以后，树碑立传又成为新的皇帝陵寝制度。

武则天是在神龙元年（705年）的一场宫廷政变当中去世的，而这场政变是各种势力联合发动的政变，史称"神龙政变"。准确地说，武则天退位后，唐朝进入了局势动荡的历史时期。从705年—712年，即从武则天去世当年和后来的八年间，先后发生了七次政变，将"武周"改为大唐的中宗李显，又经殇帝李重茂、睿宗李旦，最后到唐玄宗李隆基才稳定了唐朝政局。勿庸讳言，各种各样的政治军事势力都轮番登台表演，各个派系对武则天也都有各自的见解或评价，如武则天的尊号先后叫则天大圣皇后、天后、大圣天后、天后圣帝、圣后，一直到40多年后的唐玄宗天宝八年（749年）才最终改成则天顺圣皇后。武则天遗嘱明明是"去帝号，称则天大圣皇后"，为什么不遵照遗嘱，反而改来改去，足以证明他们对武则天的评价是不一致的，没有一个统一的、确定的认识。所以，在漫长动荡的社会背景下，刻碑镌字之事久拖不决，乃至不了了之，形成了后人看到的无字之碑。

第三，再从武则天无字碑所产生的后果上看，这位中国古代社会空前绝后的女皇的遗愿实现了——功过留于后人评说。

法国当代著名的历史哲学家雷蒙·阿隆说："历史是由活着的人和为了活着的人而重建的死者的生活。"即1000多年来，后人并没使这块无字碑永远空白，而是"无字碑头镌满字"。现抄录郭沫若1960年游览乾陵时留诗二首以作凭证：

"岿然没字碑犹在，六十王宾立露天。

乾陵内壁画

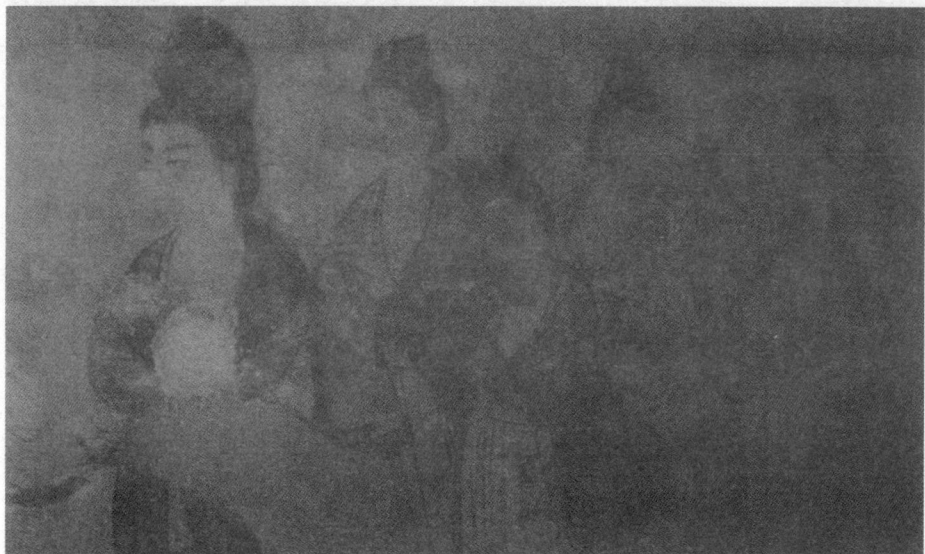

众说纷纭的无字碑

041

冠冕李唐文物盛，权衡女帝智能全。

黄巢沟在陵无恙，述德纪残世不传。

待到幽宫重见日，还期翻案续新篇。

巨坟云是归梁山，山石崔嵬颇耐攀。

面对乳丘思大业，下临厚土望长安。

千秋公案翻云雨，百顷陵园变土田。

没字碑头镌满字，谁人能识古坤元？"

第四块无字碑与上述三块无字碑在性质上，意义上则有根本不同，这就是秦桧的无字碑。

秦桧（1090—1155 年），江宁（今江苏南京）人，南宋初奸臣，曾任参知政事、宰相等职，力主宋金"绍兴和议"。绍兴十一年（1140 年）正当岳飞自朱仙镇出兵，大败

唐代陶器

金军，收复中原指日可待之时，秦桧与宋高宗以十二道金牌令岳飞班师。绍兴十二年（1142年），秦桧伙同万俟卨等以"莫须有"之罪名将岳飞杀害。秦桧66岁病死后，葬于南京牧牛亭，"有其额而无其辞，卧一石草间"（引自明·顾起元《客座赘语》卷四）。其家人花重金聘请许多人为秦桧撰写碑文，由于他"阴险如崖阱，深阻竟叵测"，加之晚年的秦桧残忍更甚，屡兴大狱，冤案不可胜数，诸多忠臣良将被他迫害致死，所以没有一个人肯为秦桧撰写碑文。史书多有记载："秦太师墓碑无字，秽德且行不屑书也。"（引自清·梁绍壬《两般秋雨盦随笔·没字碑》）

宋朝奸臣秦桧像

总而言之，秦桧是妇孺皆知的卖国奸臣，人们对他残害岳飞的罪孽恨之入骨，老百姓用各种形式、方法诅咒或唾骂他，甚至用铁制作秦桧夫妇的跪像，摆设在岳飞伟岸的金像面前，让世世代代的人们鞭挞这对卖国求荣的奸贼刁妇。由此可见，秦桧死后的无字碑，是人们"奉送"给他的，当然无字可写了。

第五块无字碑是在北京明代十三陵中的无字碑。

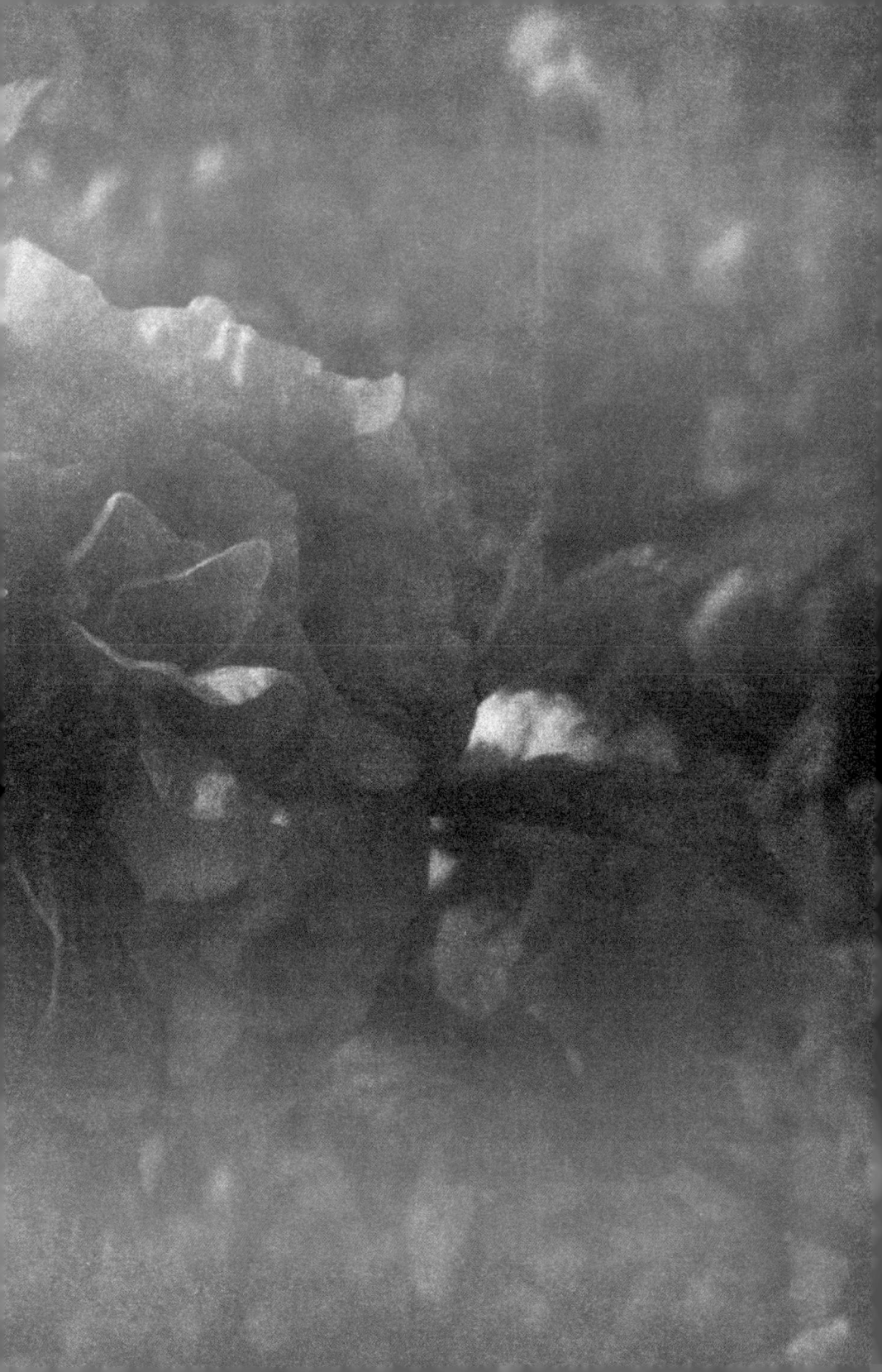

北京昌平县北边有座山水清秀的天寿山，山底下静卧着明朝十三位皇帝的陵寝，这就是中外闻名的十三陵。

天寿山是"万年寿城"之意，由明成祖朱棣起的名字。天寿山原名黄土山，朱棣曾来这里实地考察，觉得这里是一块风水宝地，山林茂密、绿水长流、风景优美，适合做自己万年之后的茔地，只是黄土山之名不雅，遂改名为天寿山。

十三陵的景色宜人，但让人惊奇的是除长陵之外所有的陵墓门前的石碑都是无字碑，这样有悖常理的事情该如何解释？明朝开国皇帝朱元璋（1328—1398 年）骁勇多智，战功卓著，政绩斐然。但他在 1368 年建立大明王朝之后，诛杀诸多忠臣良将，嗜杀成性，也是一个"飞鸟尽，良弓藏，狡兔死，走狗烹"式的帝王。好在他在近 70 岁的时候，对自己的行为有所悔过，出于维护大明天下和告诫后代子孙不要滥杀无辜的目的，对身边的人说过这样的话："皇陵碑记都是大臣们的粉饰之文，不能教育后代子孙。"其中的含意是在他归天之后，能有一个正反两个方面的公正评价，不要一味地歌功颂德。可是，由谁来撰写皇帝的碑文？其内容又怎

明十三陵无字碑

乾陵与无字碑

046

么撰稿？一下子难住了朝廷重臣与翰林院
的大学士们，无论是唱赞歌，还是往先帝
脸上贴金，均是令人绞尽脑汁的，弄不好
还会遭受杀身之祸。于是，他们以明太祖
朱元璋的"名训"为借口，把撰写碑文的
重任推给了继嗣的新皇帝。因此，明太祖
朱元璋的碑文是明成祖朱棣撰写的，史称
"孝陵"；明成祖朱棣的碑文则是明仁宗
朱高炽撰写的，史称"长陵"。又因明太
祖朱元璋的陵墓修建于南京的紫金山，所
以十三陵里没有孝陵的碑文，只有长陵的
碑文。

　　明朝从太祖朱元璋（洪武）至思宗朱

由检（崇祯）共计17位皇帝，历经276年，自第四位皇帝明仁宗朱高炽（洪熙）以后便没有帝王碑文，原因何在？

一是明仁宗之后的皇帝，在陵寝大门前边均不建筑石碑、碑亭，到了明世宗皇帝（嘉靖）时候始造碑亭。当碑亭竣工之后，朝廷老臣上疏悬请世宗立即为多年安眠在天寿山的皇帝撰写碑文。此时的嘉靖皇帝，正如海瑞上疏陈时政之弊所言："且陛下之误多矣，其大端在于斋醮。斋醮所以求长生也。自古圣贤垂训，修身之命曰'顺受其正'矣，未闻有所谓长生之说。"海瑞指出嘉靖皇帝犯下的最大罪过是"斋醮"。就是皇帝痴心迷恋仙术，请来崂山道士在皇宫内院修建炼丹炉，并在宫室墙壁上画满咒符，让嘉靖皇帝

明仁宗陵

乾陵与无字碑

得道成仙，他整天整夜忙着如何长生不死的歪门邪道，怎么有心思撰写七位先帝的碑文呢。

不久，嘉靖皇帝因吞服"仙丹"过多中毒身亡，撰写碑文之事便无人问津了。从此以后，明朝各个陵墓石碑都是空白了，成为名副其实的无字碑。透过现象看本质，明朝中后期已完全处于由盛转衰的历史阶段，政治腐败不堪，经济日趋衰落，这才是无字碑产生的最主要因素。当然，这与嘉靖皇帝后的五位帝王无所作为也是分不开的。

第六块无字碑归属于伟大的中国民主

众说纷纭的无字碑

主义革命的先行者——孙中山。

孙中山（1866—1925 年）字逸仙，号明德，别名孙文，广东香山（今中山）翠亨村人。他一生为中国民主革命事业奋斗不息，创立了资产阶级革命的政党，提出了"三民主义"的纲领，对推翻封建帝制功不可没，建立了中华民国。1924 年 1 月在广州召开的中国国民党第一次全国代表大会上，发表改组宣言，确立了"联俄、联共、扶助农工"三大政策，并将旧三民主义发展为新三民主义。1925 年 3 月 12 日，孙中山先生因病在北京辞世，享年 59 岁。孙中山先生的丰功伟绩，赢得了世人的广泛拥戴和高度赞扬。他逝世后，人们争先恐后地为他撰写墓志铭，以表深切缅

南京中山陵

乾陵与无字碑

怀之情，这本来是理所应当与顺理成章的事情，谁料想却出现了意外波折。原计划孙中山先生的铭文由汪精卫撰写，其墓志铭由胡汉民撰写。此计划公布之后，立即遭到国民党内同仁的反对。后经反复讨论，认为唯有同孙中山先生有亲密无间关系，且德才兼备、众望所归的人才能胜此大任。章太炎先生自告奋勇，他说："论与孙中山先生友谊之深、互知之深，其墓志铭唯我能胜，也只有我有资格写，我欲为孙中山先生做墓志铭。"经大家同意后，章太炎先生撰写了感情深厚、文笔典雅、内容充盈的《祭孙公文》。

蒋介石得知章太炎当仁不让地撰写

中山陵碑亭

众说纷纭的无字碑

"天下为公"碑刻

《祭孙公文》消息后，内心非常不痛快，遂以中山陵建筑总监和国民党代表的名义，拒绝使用章太炎的《祭孙公文》。就这样，孙中山先生的墓志铭一波三折，陵墓建成后，碑亭树立却无墓志铭，形成了中国历史上第六块无字碑。

应当提出，如今南京中山陵碑亭中的"天下为公"四个刻字，是后补雕刻上去的。

三 从才人到昭仪

武则天是我国历史上空前绝后的一代女皇

1300 余年来，女皇武则天的灵魂在冥冥天国始终难以安宁。在中国漫长的封建社会里，人们长期听到的是对她的隐私，尤其是她宠幸男妃之事的渲染夸张；对她性格的肆意抨击，多是口沫四溅的诅咒。诸如什么"乱伦无道""害于国、凶于家""毒虐成癖""淫荡妖狠""蛊君废主""鬼神所不容、臣民之所共怨"，几乎倾尽世上所有最恶毒的词语。

从 1912 年开始，男女平等的呼声在中国大地上开始播扬，一直到1919 年的"五四"运动，有识之士冲破男尊女卑的枷锁，在倡导女权的活动中，对武则天的评价出现了贬中有褒的现象，诸如"她是敢作敢为的女皇""皇帝有三宫六院七十二嫔妃，女皇有几个男妃怎么就要口诛笔伐""她是一位有自知之明的伟大女性""她是空前绝后的一代女皇"。

1960年后，郭沫若先生参观乾陵，并对武则天无字碑题诗《游乾陵》，其中有"没字碑头镌字满，谁人能识古坤元"的评语。郭老还在女皇武则天的故乡——并州文水（今山西省文水）留有一副对联：

武则天像

"政启开元，治宏贞观；

芳留剑阁，光被利州。"

2005年2月，陕西师范大学出版社出版发行了国际笔会副会长、著名文学家林语堂先生的大作《武则天传》，其中第四十五章《精彩的半小时政变》里写有这样的话："在中宗神龙元年十一月，武后在富贵豪华的软禁中死去，享年八十二岁。……中国历史上这个最骄奢淫逸、最虚荣自私、最刚愎自用、名声坏到极点的皇后的一生，就这样结束了。她死了，她所作的恶却留于身后。后来经过中宗、睿宗、玄宗，把武后族人消灭之后，本书的最后一章才算结束。"

面对古往今来这些众说纷纭的争论，倾听毁誉褒贬不一的见解，还是让我们回到大唐的历史中去吧，去探索同样是功过是非难以定评的则天女皇的足迹，去研究她极不寻常的人生年轮……

（一）"武媚娘"的来历

武则天出生于唐高祖武德七年（624年）正月二十三，生长在长安都城一个不算显赫高贵的官宦人家。父亲武士彠，祖籍山西省文水（并州文水）。武士彠原是在隋朝经营木材生意的商人，某一天，武家来了一个贵客叫李渊，即后来唐王朝建立者唐高祖，遂结交为好友，以后随李渊起兵反隋，待唐太宗贞观年间，武士彠官拜工部尚书（正三品），

唐太宗昭陵

乾陵与无字碑

056

又被封应国公。武士彟的妻子是相里氏，生有二子，后病故。武德四年（621 年）李渊亲自提亲，武士彟娶关中有名的士族杨达之女杨氏为继妻，生下武则天，体重近 9 斤，乳名"二女"。此时的武家已有赐田 300 顷，食邑 2500 户，奴婢 300 人，成为官宦显贵。童年的武则天个子很高、身体健壮、皮肤白嫩、双眸明亮、乌黑的秀发都显现出她的良好发育。但她个性极强，随心所欲地大声说笑，喜欢穿男孩衣服。武则天 9 岁时，武士彟因病死于荆州都督任上，从此武则天失宠，随生母杨氏离开荆州搬回长安，过着孤女寡母的辛酸生活。

乾陵翼马

从才人到昭仪

唐太宗李世民像

乾陵博物馆外景

贞观十一年（637年），即唐太宗的长孙皇后去世的第二年，唐太宗闻听年仅14岁且又貌美的武则天，遂召她入宫。当天，唐太宗一边端详着她，一边情不自禁地赞道："美容止！美容止！"

武则天在少女年代曾多次听父亲赞颂当今唐太宗的文韬武略和明达睿智，早就敬仰这一开明之君。如今亲眼见到这位40岁的英伟皇上，颇觉荣幸，便勇敢地挺直了自己颀长、婀娜的腰身，略带几分娇媚地微笑着等待皇上的问话：

"你就是已故荆州都督武士彟之女？"

"婢女正是。祖籍并州文水。"

"听说你兼通文史，可有此事？"

乾陵与无字碑

唐高宗与武则天像

"婢女见识浅薄，不过初知而已。"

唐太宗笑道："看来还是个女才人呢！"

这次召见之后，武则天果真被唐太宗册封为"才人"（《新唐书》第76卷，《后妃传》）。初幸之后，唐太宗深爱她的稚嫩和妩媚，叫她"媚娘"，从此"武媚娘"的芳名不胫而走。

"才人"之职始设于晋武帝司马炎，爵千石以下，宋齐朝代成为散职，梁朝把"才人"列在九嫔之下。唐承隋制，皇帝应有一位皇后、四妃、九昭仪、九婕好、四美人、五才人、三班低级宫女中每班各

从才人到昭仪

有 27 人，这些后宫佳丽，皆可承受帝王的享乐和恩泽。武则天是五位才人之一，当属正五品，但她有唐太宗所赐"媚娘"美誉，其身价提高百倍。

武则天像

武媚娘之媚不仅仅在于她的娇媚的容貌，更在于她有其他妃嫔所不具备的特质，即她胆大心细的性格。相传，唐太宗有一匹骏马叫"狮子骢"，是西域蕃国所赠，其性桀骜不驯，令唐太宗无可奈何。一日，唐太宗率文武大臣来到御厩，他向大家发问："如此良骏，徒闲厩中，诸卿谁能驾驭？"众人面面相觑，默不作声。这时，跟在唐太宗身旁的武媚娘上前应答："唯妾能制之，请陛下给妾三样东西：一铁鞭、二铁锤、三匕首。先以鞭笞，不驯服则施以铁锤，若再不服，即以匕首割其咽喉！"

唐太宗称赞她有胆识、有气魄的同时也产生了疑虑：武媚娘既有以匕首刺马的严酷，会不会也有以匕首对人处世的冷峻呢？倘若她拥有了权柄，那将是怎样的情景呢？

当然，唐太宗并没有把狮子骢交给武媚娘驯治，但这件事过后，太宗对她的宠爱程度却不如以前热烈了。对武媚娘来说，

从才人到昭仪

大唐芙蓉园茱萸台

入宫12年了，未能生儿育女，这使她怏怏
不快。但她在太宗身边也受到勇于进取和开
拓创新精神的影响。比如，她入宫后的第三
年——贞观十四年仲春二月，"唐太宗驾幸
国子监，参加祭奠先圣先师的释奠之礼，武
才人奉命随驾"。还比如，贞观十五年五月，
唐太宗以宗室女文成公主远嫁吐蕃赞普松赞
干布之事和外国使臣络绎不绝地来长安，特

乾陵与无字碑

别是贞观九年（635年）唐太宗平灭了威胁河西走廊的吐谷浑，稳定西疆，畅通了"丝绸之路"，太宗的雄才大略都熏陶着她、滋养着她。

（二）晋升九嫔之首

武则天长达12年未得进封，其妩媚虽然博得唐太宗的欢欣，但终究是只享有五品官职的待遇，这是武则天不甘心情愿的。那么，究竟是何原因使她没再得晋封呢？

乾陵内官吏像

自从长孙皇后病逝之后，唐太宗再没有册立皇后，也就是说皇后的位置整整空了13年。太宗曾有立杨妃为皇后的想法，但受到贤相魏征的谏阻而没立后。

有一个原因不可忽视，即唐太宗纳武则天后，又得一个美女叫徐惠，比武则天小3岁，面貌秀美，且极聪慧，能撰写漂亮文章，熟知经史，唐太宗喜之又喜。不久，册封徐惠为婕妤，进而又迁充容，品级遥居武则天之上，完全取代了武则天的位置。

唐太宗素以明君自诩，富有深谋远虑的头脑。他对武则天以铁锤驯马的言谈印象颇深，久存心中不忘。加上武则天始终

唐高宗李治像

没有生育，这都是武则天没有晋封的原因。

武则天与众不同之处在于，她在没有得到晋封和失宠之后，不自暴自弃，不过多忧伤，而是把她含情脉脉的目光投向了太子李治身上。她暗想，唐太宗对美色缺少节制，已日见衰老，等到驾崩之后皇太子李治就会登基，因此要乘机一搏，运用自己丰腴的体魄与过人的胆识，去讨太子李治的青睐。至于人伦、辈数大可不必多虑，皇室之家常有乱伦差辈之事，自古已然如此这般。在唐太宗健在的时候，武则天对太子李治的追求、好感是不便公开暴露的，她只能把暗恋的情愫掩埋于心中，等待着、盼望着有那么一天实现自己的愿望。然而，她的命运多舛，谶语带来了厄运，使她险些遭到杀身之祸。

谶，是秦汉朝代的巫师、方士编造的预示吉凶的隐语。迷信的人指事后应验的话，即谶语。这种话往往含义模棱两可，容易让人用后来发生的事情去附会，甚至有些是事后补编出来冒充为预言。谶语延续到唐代，仍然盛行。

贞观二十二年（648年）三月，太白星多次在白天闪现，太史占验，是女主当昌之意。恰在这个时候，民间纷传《秘记》，云：

乾陵与无字碑

"唐朝三世之后，女主武王当有天下。"
唐太宗重视佛事，对天命神意十分笃信，
遂密问太史令李淳风：

　　"《秘史》所云，可信吗？"

　　"臣观天相，女主武王这个人已在宫
中，乃陛下亲属，自今以后三十年，当称
王天下，将大唐子孙斩杀殆尽，征兆已十

对于一时的失宠，武则天并未沮丧，
更不可能放弃

从才人到昭仪

065

分明显。"太史令李淳风的回答使唐太宗立刻惊觉，脑海里想到他曾宠幸过的那个武媚娘，扬言以铁鞭、铁锤、匕首三样利器制服烈马的那件往事，疑虑、愤懑油然而生，脱口说道："既然她在宫中，何不把她除掉而绝后患呢！"李淳风说："不可，陛下，天命不可违呀！从今以后三十年，此人已衰老，人老多慈爱，其祸不会大。如果现在杀她，上天仍会派出一个年轻力壮的顶替她。那样，她会更加凶狠报复，陛下子孙，岂不全遭涂炭！"唐太宗听完此言，犹豫起来，思忖良久，出于排除嫌恶考虑，决定秘密地把武则天赐给儿子李治，如同当年汉献帝似的把后宫妃子王政君送给太子奭那样，父子先后分享快乐。

铜镀金摩利支佛母及坐具

乾陵与无字碑

唐太宗共有 14 个儿子，长子承乾和四子李泰因争夺皇位继承人而密谋宫廷政变，唐太宗为避免李唐宗室的互相残杀，在长孙无忌等人的支持下，改立第九子李治为太子，这是贞观十七年（643 年）四月发生的事情。

对李治来说，父皇把武则天赐给了自己，当然是喜不自禁，因为他早已爱慕武则天，只奈她是父皇的宠妃，不敢亲近。现在名正言顺地归于己，心花怒放，欣然受领。武则天呢，也躲过谶语之灾，离开了年已 50，身体已衰的唐太宗，热烈地投入太子李治的怀抱。

不久，唐太宗李世民身患毒痈，险些丧命。接着又患风疾，治疗半年稍好转。"为了寻求长寿，他开始服用金石之药。一次，唐太宗从天竺俘虏中得到一个叫那罗迩娑婆的方士，此人自称配制的金石之药极为灵验，唐太宗如遇救星，真的让他烧炼起来。丹药服用了，方士离去了，唐太宗却卧病不起了。"（引自吴枫、常万生《则天女皇》）

病卧在含风殿里的唐太宗，急召长孙无忌和褚遂良入殿，并说："太子仁孝，

观音菩萨像

从才人到昭仪

石狮像

公等知道的，愿忠心辅佐之！"这是遗嘱之一；对李治说："有无忌、遂良在，你可无忧天下！"这是遗嘱之二，他手指身旁的太子妃对长孙无忌说："我将佳儿佳妇交给爱卿了！"这是遗嘱之三；他对太史令李淳风说："后宫妃嫔，除徐充容外，一律出宫为尼！"（《资治通鉴》第199卷，《唐纪》）这是遗嘱之四。对于武则天来说，虽然去年被唐太宗秘密赐予了太子李治，可是尚未满一年，仍是太宗的妃子名分，应该"出宫为尼"。这样，26岁的武则天，带着悲凉的心情与她爱恋的太子李治话别了，然后削发为尼进入感业寺。

贞观二十三年（649年）六月一日，即英明盖世的唐太宗李世民辞世的第六天，22岁的太子李治登上皇帝的宝座，是为唐高宗。翌年正月，唐高宗改年号为永徽，册立王妃为皇后；舅父长孙无忌为太尉和右辅政，加封顾命重臣褚遂良为河南郡公，为左辅政；王皇后之父王仁佑为魏国公，母亲柳氏为魏国夫人；命李责力为开府仪同三司，同中书门下三品；又立郑妃所生皇子孝为许王，杨妃所生上金为杞王，萧淑妃所生素节为雍王。一个年轻的皇上和他所统治的宫廷诞生了，沿着唐太宗开拓的道路行进下去。

　　武则天进入庵寺后，过着单调、枯燥的日子，与歌舞欢宴的宫廷生活真是天壤之别。每当听到清冷的钟声，她的心为之颤抖，每当迈入云房，她的思绪绵绵长长。是啊！14岁入宫，从才人、媚娘，陪伴太宗、太子，由恩宠又转向失意，26岁时沦为尼姑，往日的妩媚、娇艳、秀发，这些与妃嫔争宠的武器，现在都没用了。每当夜幕降临，她守着孤灯，思念的情丝像灯火火苗似的，跳跃着飞出感业寺，幻想与李治相见相拥。每当这个幻想从心中升起的时候，又很快地破灭了，如今的李治已成为一代君王，皇宫粉黛成群，怎能惦记削发

蕃臣雕像前的石狮

从才人到昭仪

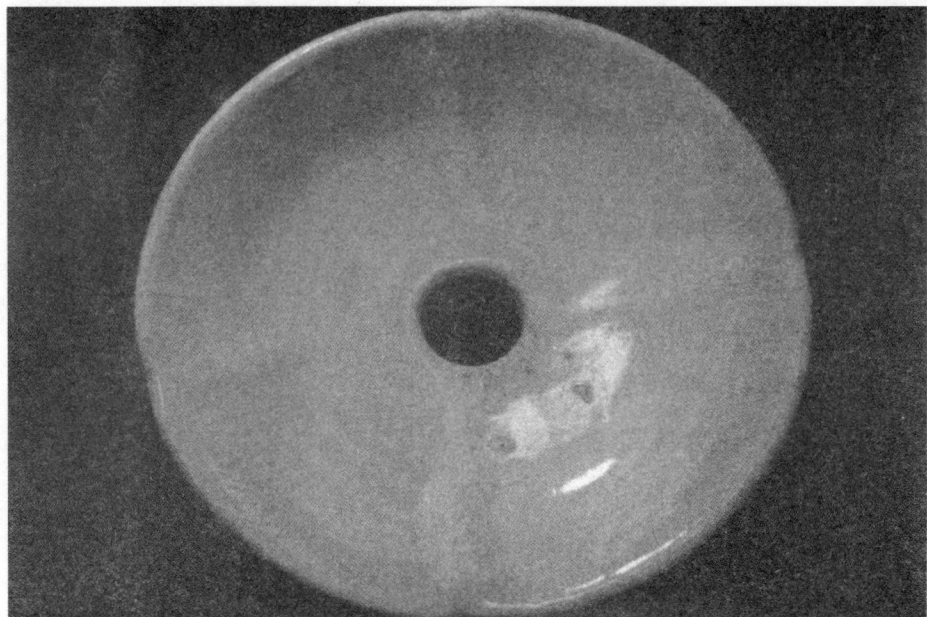

唐代白瓷唾盂

为尼的她呢！武则天曾有《如意娘》诗一首，写出她复杂的心情：

> 看朱成碧思纷纷，
>
> 憔悴支离为忆君。
>
> 不信此来长下泪，
>
> 开箱验取石榴裙。

无独有偶，新君高宗李治也不是寡情薄意之人，他在宫廷也思念着她，写有《七夕》诗一首，可与《如意娘》应对。诗云：

> 霓裳转云路，
>
> 风驾俨天潢。
>
> 云星凋夜巘，
>
> 残月落朝璜。

促欢今夕促，

长离别后长。

轻梭聊驻织，

掩泪独悲伤。

《七夕》诗，完全道出李治爱恋武则天的深情厚意，无可奈何的是，这位新皇帝在唐太宗去世后一年多的时间内，国事繁忙，使他没有精力顾及武则天。既要抗震救灾（649年晋州地震，死亡5000余人），又要操办唐太宗的葬礼和昭陵的修建；既要兼听广纳百官的谏言，又要稳定政局；还要调处那个用石弹打伤百姓的李元婴叔叔引起的民事纠纷案件。公允地讲，李治

从才人到昭仪

071

感业寺旧址

当政之初，大唐国力仍盛，百姓安乐，延续了贞观之风。

永徽二年（651年）五月二十六日，是唐太宗的忌日，李治率数名侍从赶往感业寺进香拜祭父亲亡灵。还有一个目的，那就是想见一见他魂牵梦绕的武媚娘。进香已毕，他单独召见了武媚娘，对于往昔的恋情和今日的相逢，两人皆有说不尽的爱。武媚娘的热泪像泉水般涌流出来，李治顿增怜悯，轻轻地擦去她脸上的泪痕，然后相互执手传递激情，竟无语凝噎了。李治是一位温柔多情的青年皇帝，他不忘往昔的旧情，想方设法把武媚娘接回皇宫内院，让她不再孤寂和痛苦。

武媚娘重返皇宫的机遇来了，而且来得确实是时候。这一年的七月，李治服丧日期已满，武媚娘的黑发已长过颈部，更难能可贵的是王皇后的鼎力相助，28岁的武则天重返宫廷，来到高宗李治的身旁。

王皇后出身名门，是北周重臣的后裔，是先帝唐太宗亲自挑选的儿媳。她作为李治结发之妻，深受宠爱，但她有一件烦心的事，那就是后宫的萧淑妃。萧淑妃姿色超群，举止风流，性格刚直，高宗很喜欢她。尤其是

官吏牵马像

她为高宗生了一个儿子，身价倍增。而王皇后却无子，嫡系无传，加重了她对萧淑妃的嫉妒。为了打击萧淑妃，也为了给自己增加力量，她毅然决然地请皇上速召媚娘还宫，顺水推舟，讨取丈夫李治的欢欣，杀一杀萧淑妃目空一切的傲气。

重返皇宫的武媚娘将计就计，对皇上，她"痛柔屈不耻，以就大事"，对于皇后，她"下辞降体事后，卑躬屈膝，小心翼翼地奉迎皇后，念念不忘皇后的再造之恩"，对待宫女，她则"伺后所薄，必款结之，得赐予，尽以分遗"。在返回宫廷仅仅一

从才人到昭仪

乾陵翁仲像

年的时光里，皇帝"谓能奉已"，皇后"喜，数誉于帝"，宫女们也成了她的好朋友，从此"后及妃所为必得"，意思是皇后、萧淑妃身边的宫女，能把她们的一举一动都及时告诉武媚娘。这样一来，她的地位很快得到提升，《资治通鉴》说她"未几大幸，拜为昭仪"。昭仪，是九嫔之中的一个名分，正二品，地位仅次于妃，名列九嫔之首。好运接踵而至，永徽三年（652年）金秋时节，她为高宗生下一个儿子，取名李弘。她有昭仪封号，又有了儿子，她的地位终于确定下来了。与此同时，唐高宗对萧淑妃的恩爱和柔情也逐渐冷漠、消逝，趾高气扬的萧淑妃开始尝到了失宠失意的酸苦。王皇后如愿以偿了在武昭仪的帮助下，她俩合谋而又无情地排挤了萧淑妃，取得暂时的报复性的惬意，各自暗中庆幸自己手段的高明。事隔不久，王皇后就后悔不迭了，她的良苦用心却召进了一个更难对付的敌手，"引狼入室"的恐惧阵阵向她袭来，使她疲惫了。武昭仪在暗地里笑了，她笑王皇后的愚蠢，她笑皇上头脑有些简单，她笑萧淑妃太不成熟，她笑自己的初步胜利，昭仪的封号不是她最后的目标，她的目标比昭仪更远、更高。

四 从昭仪到皇后

乾陵司马道

古今中外的众多事实给人以重要的启示：世上很难有永恒不变的朋友，也很难有永恒不变的敌人。随着社会风云的嬗变和某种利益的需求，朋友可以转化为敌人，敌人又可能转化为朋友。当武昭仪投入唐高宗怀抱之后，她和王皇后的关系，由过去的患难之交，转换为现在为争权夺势的生死搏斗。

（一）掐死女婴的凶手

在武昭仪将生贵子的时候，王皇后把舅舅、中书令柳奭召进后宫，共同密谋册立太子之事，以防备武昭仪生子立储的威胁。柳奭说：正宫无子（暗指外甥女王皇后没能生育儿子），太子难立。武昭仪正值宠盛，她

乾陵与无字碑

若生子，圣上会将其子册立为太子，这样一来，你的后位就难保了。不如立燕王忠为太子，因为燕王忠母亲刘氏，出身低微，立其子为太子也不会构成对后位的威胁，反而她们母子都要感激你。事后，柳奭疏通了吏部尚书褚遂良和兵部侍郎韩瑗，进而劝说太尉长孙无忌，便一起奏请皇上册立燕王忠为太子。永徽三年（652年）七月初二，唐高宗颁诏天下：10岁的燕王忠入主东宫，登太子位，普天同庆。

当唐高宗为顺利册立太子而感到轻松愉快，王皇后、长孙无忌等人为圆满实现自己立储计划而弹冠相庆的时候，武昭仪

地处深山之中的乾陵

的心中却充满了忧虑和仇恨。她忧虑的是子尊母贵，争当皇后的美梦破灭了；她仇恨的是王皇后、长孙无忌等人居心叵测，必须想尽办法各个击破。她暗下决心，要用坚强有力的手段首先打击王皇后，然后除掉长孙无忌，以解心头之恨。

永徽四年（653 年）正月，武昭仪为高宗生产了一个白胖的儿子，这年她 30 岁，喜得贵子，欣喜若狂。唐高宗亲自给这第五个儿子取名弘，封代王。

隔了一年，武昭仪又生了一个女儿，因为是早产，小公主体弱，武昭仪很不喜欢，便把她交给乳母喂养。百天之后，小公主长如粉团，笑声动听，不仅高宗非常喜欢，而且引起王皇后的关注。因为她不曾生育，对婴儿格外怜爱。有一天，王皇后在宫女的簇拥下，来到武昭仪的寝宫。守候在寝宫外的宫女告诉她武昭仪不在寝宫内，王皇后说："武昭仪不在也无妨，我是特意来看小公主的。"一边说，一边径直走近婴儿床，她抱起小公主亲了又亲，一直到小公主睡着了，她才轻轻地把小公主放回床里，并把随身携带的一双小虎头鞋和一只玉麒麟长命锁都放在床边，然后恋恋不舍地离开了。

王皇后刚走，武昭仪便迅速地从窗帷

长命锁

后面闪现出来，伏在婴儿床前，听得见孩子均匀的呼吸声，她的心激动起来，为了夺取皇后的位置，为了谋窃那母仪天下的权势，她不能再犹豫了，她止住了眼泪，狠心地伸出颤抖的双手，掐住亲生女儿柔嫩的脖颈……然后闪电般地离开寝宫。

过了一会儿，武昭仪笑容满面地陪伴高宗来看小公主，走近床边掀开被子，高宗惊呆了，天真可爱的小公主口角流出鲜血已气绝死去了，武昭仪立即放声大哭起来。后经盘查，宫女诉说王皇后来去匆匆的经过之后，高宗愤怒了，不假思索地断言："后杀吾女！"

其实，王皇后匆忙看望小公主也有演戏的成分，除了女人爱婴的本性外，还有故作

武则天无限膨胀的野心令她失去良知，在寝宫内将亲生女儿杀死

多情给唐高宗和武昭仪看，显示自己的善良和宽容。不料想，武昭仪却没有离开寝宫，她做梦也不会想到武昭仪竟做出如此超出人之常理、令人难以置信的事情。

《唐会要》里记述："昭仪所生女暴卒，又奏王皇后杀之，上遂有废立之意。"

小公主死亡后12年，武则天已经当上了皇后，她给这个无辜的女婴加封为安定公主，谥号"思"，按亲王的礼仪隆重安葬。

小公主离奇之死，皇后与武昭仪之间的明争暗斗已见端倪，高宗李治心目中的天平倾向武昭仪。据《新唐书》记载，他对武昭仪"愈信愈爱"，追赠其父武士彟

武则天的阴谋得逞，手段令人发指

从昭仪到皇后

为并州都督。对于王皇后则产生废黜之意。

综上所述，杀死小公主的凶手是武昭仪，无论从动机上，还是从性格分析上，以及历史条件上推论：是她制造了这桩凶杀案，其目的只有一个，即嫁祸于王皇后，并达到自己不可告人的目的。

一位母亲亲手扼杀自己亲生的可爱的女儿，怎么能令人相信呢？可是，膨胀起来的权力欲望是无限扩大的，它完全可能吞噬人性和毁灭亲情。当然，这种欲火中烧和疯狂的野心对于一个年过三十的母亲来说是非常可怕的，但对于像她这样的政治家却又是必要的，尽管她知道要受到良心上的谴责，但对她来说"只要达到我想要的，其他手段都

乾陵地宫

乾陵与无字碑

在所不惜了。"

乾陵石狮

（二）后宫巫蛊案件

永徽六年（655 年）六月，武昭仪再次发难，矛头直指王皇后。她唆使王皇后的侍女向皇帝报告：王皇后和其母魏国夫人柳氏"共行厌胜"。"厌胜"是中国古代的一种巫术，即用木头雕刻或用纸剪出一个小人，比做自己恨之入骨的那个人，描绘出那个人的形象，然后在上面写出那个人姓名、生辰八字，再在上面钉钉子、针扎以及刀刺心窝，诅咒那个人饱受灾难，不得好死。

早在汉武帝时期，皇后陈阿娇后来也

被指控进行"厌胜"，汉武帝一气之下把她的皇后之位废掉了。

在高宗看来，以这种巫术魇魔之法加害自己和武昭仪，真是十恶不赦。于是，高宗怒气冲冲地来王皇后的寝宫，恰巧看见她虔诚地焚香拜佛，案桌上摆放两个钉着铁钉的小木头人，一个似像武昭仪，一个似像唐高宗。这种巧合是值得怀疑的，武昭仪能掐死自己的亲生骨肉，难道就不能买通王皇后的贴身宫娥，里应外合，共同诬陷王皇后吗？况且王皇后经常苛责宫娥，早已引起许多不满。所以，此次巫蛊之案的发生是有预谋或者是武昭仪精心策划的可能性非常之大。

唐高宗看到这种情景，暴跳如雷，大骂王皇后是"佞人""悍妇"，王皇后一时惶恐，跪地求饶，哭得死去活来。但唐高宗不为所动，对结发之妻已经绝情了。他下令王皇后的母亲魏国夫人柳氏立刻出宫，又贬王皇后的舅父中书令柳奭为遂州（四川遂宁）刺史，从此王皇后和家庭的联络被彻底切断了，她离被废弃的日子也越来越近了。

巫蛊之案令皇后彻底失去皇上的信任

从昭仪到皇后

长孙无忌像

（三）晋位后宫新主

为了夺取皇后的桂冠，武昭仪处心积虑地组织力量，扩充自己的队伍，准备与褚遂良、长孙无忌等人针锋相对。她先后拉拢了中书舍人李义府、王德俭、御史大夫崔义玄、礼部尚书许敬宗、开国元勋李责力等人，组成强大的"废王立武"的势力集团。

永徽六年（655 年）九月的一天，唐高宗正式召太尉、同中书门下官居一品的长孙无忌（高宗之舅），开国元勋、司空、同中书门三品李责力，左仆射、同中书门下三品于志宁，右仆射、同中书门下三品褚遂良等四位宰相到皇宫内殿商议"废立"之事。

唐朝的宰相设置与历代各朝不同，一是有一些官职是法定宰相，比如尚书省的长官尚书令、中书省的长官中书令、门下省的长官司门下侍中。其中，尚书令是正二品，中书令和门下侍中是正三品。唐太宗认为尚书令权力过大，因而就不再设尚书令，这样一来尚书省的副职左右仆射便成了宰相，皆为从二品；二是不担任三省长官，亦可由皇帝直接任命成为宰相。不过，这些人要成为宰相必须加"同中书门下三品"等名字，并同中书、门下两省长官一样拥有决策权力；三

唐代宰相设置制度十分繁复

是唐高宗执政时当朝宰相多达七位，除了上述四位之外，还有中书令韩瑗，门下侍中来济和、崔敦礼。

会议伊始，唐高宗说："罪过之大莫过于绝嗣。而今皇后无子，武昭仪有子，朕拟立武昭仪为后，公等以为如何？"

他的话音刚落，褚遂良马上进行了反驳："皇后出自名家，先朝所娶。服事先帝，无愆妇德。先帝疾甚，执陛下手以语臣曰：'我好儿好儿妇，今将付卿。'陛下亲承

从昭仪到皇后

德音，言犹在耳。皇后未有愆过，恐不可废。臣今不敢曲从，上违先帝之命。"

褚遂良不愧为顾命大臣，他的驳论的论点清晰可鉴，根据也是真实可信，尤其他直言不讳地点出武昭仪曾是唐太宗的小老婆这件事，是任何人都否定不了的事实。

面对顾命大臣有理有据的反驳，唐高宗也无言以对，只好尴尬地退殿了，闹了个不欢而散的结局。

翌日，在武昭仪的急迫怂恿下，唐高宗又召集他们来内殿议论"废立"之事。据《唐会要》一书记载，褚遂良又先发言："陛下必别立皇后，伏请妙择天下令族，何必要在

唐长安城复原图

乾陵与无字碑

武氏！且昭仪经事先帝，众所共知。陛下岂可蔽天下耳目！使万代之后，何以称传此事！"

说着说着，褚遂良冲动起来了，把朝笏猛劲往内殿台阶一摔，摘掉帽子拼命磕头，鲜血从额头流下，并大声说道："这象笏是陛下所赐，今归还陛下，乞请陛下准臣还归乡里！"唐高宗见他以弃官回乡相威胁，怒不可遏，命令左右把他赶出内殿。

这时，正在内殿屏风后面偷听的武昭仪脱口骂道："何不扑杀此獠人！"獠人，是唐朝人咒骂南方人的话，褚遂良祖籍河

唐高宗召集大臣来内殿商讨武则天的废立事宜

从昭仪到皇后

武昭仪在屏风后偷听"废立"之事，怒不可遏

南阳翟，晋代时逃难于南方，所以武昭仪骂他是獠人。（《资治通鉴》卷一九九）

按理，武昭仪是不该来偷听皇帝与大臣议事的，但她却来偷听，这是经过高宗允许的。问题是她按捺不住自己的野心和强悍的性格，竟敢狂言"何不扑杀此獠人"，矛头指向的是宰相和顾命大臣，这也太出格了，再一次暴露她的强硬和凶狠。

长孙无忌面对混乱的局面，赶紧上奏："遂良受先朝顾命，有罪不可加刑！"把褚遂良保了下来。由此可见，第二次"废立"议事又是不欢而散。

数日后，唐高宗召见李责力，试探地说："朕欲立武昭仪为皇后，遂良等人固执以为不可。遂良既顾命大臣，事当且已乎？"李责力微笑着回答："此乃陛下家事，何必更问外人！"

李责力的话虽然不多，但起着举足轻重的作用。因为他是开国元勋，担任司空要职，德高望重，享有宰相的权威；他16岁就从军造隋朝的反，立下赫赫战功，他参加过削平王世充、窦建德等诸多重大战役，曾率兵征伐突厥、高丽，身为主将，立下奇功；他是唐高祖李渊、唐太宗李世民两位先帝最信任的人；他的原名是徐世责力，字懋功，民间盛传他就是当代的徐茂公，唐朝因他功勋卓著，赐李姓，等唐太宗去世，他自觉李世责力与李世民只有一字之差，为避讳而去掉"世"字，改名李责力。

乾陵一景

"山重水复疑无路，柳暗花明又一村。"李责力的表态一下子把高宗、昭仪不利的局面扭转过来了，高宗打定主意尽快废王皇后立武昭仪为皇后。

昭仪的心腹许敬宗趁机大造舆论，逢人便说："田舍民夫多收了十斛麦子，还

从昭仪到皇后

想换个妇人，何况天子要换皇后呢？"舆论的作用也是巨大的，诸多文臣武将缄默了，都明哲保身了。唐高宗也不以顾命大臣褚遂良等人为左右了，将褚遂良贬谪到京师南边2000多里外的谭州（今湖南省长沙市）任都督。

永徽六年（655年）十月十二日，高宗下诏："王皇后、萧淑妃谋行鸩毒，废为庶人，其母及兄弟一并除名，流徙岭南。"

六天之后，即十月十八日，许敬宗联络百官上表："中宫不可一日无主，请求陛下速立武昭仪为皇后。"当天，高宗颁布了立武昭仪为皇后的诏书：

"武氏门著勋庸，地华缨黻，先前曾以才行选入后庭。朕昔在储贰，特荷先慈，常得侍从，弗离朝夕。宫壶之内，恒自饬躬，嫔嫱之间，未尝忤目。圣情鉴悉，每垂赏叹，遂以武氏赐朕，事同政君之赐，已经八载，必能训范六宫，母仪万姓，可立为皇后。"

这个诏书出自满腹经纶、善造舆论的许敬宗之手，把武昭仪立为皇后说得既合乎情理又有法律依据。第一，武昭仪门第很好且德才兼备；第二，因为我孝顺先帝，父亲才把她赏赐给我；第三，她和王政君一样，有

乾陵一景

乾陵与无字碑

094

子立储。王政君系汉宣帝的宫女，因太子刚死了宠妃良娣，为了安慰太子，汉宣帝把王政君赏赐给太子，不久，王政君生了儿子，等太子继皇位时，王政君也当了皇后。这个太子不是别人，就是汉元帝。

十一月一日，武昭仪被正式册立为皇后，当年她 32 岁。她从 14 岁入宫为才人，26 岁时削发为尼，28 岁重返皇宫，31 岁晋封昭仪，现为皇后，前前后后历经 18 年。这是痛苦、幸运交织在一起的 18 年，当然也是充满血雨腥风的 18 年。

如愿当上皇后，武则天开始向皇帝宝座冲刺

争夺皇后地位的明争暗斗，是朝廷中的一件政治大事，其本质则是新兴起的地主官僚集团与元老贵族集团之间争夺权力的斗争。因为皇后与文臣武将们有着切身的利益联系，所以皇后的废立必然涉及他们的前途和命运，还影响到太子的更换。武昭仪利用了宫廷各集团之间的矛盾获取了后位，进而她还要利用皇后母仪天下的权威，开始冲向统治权力的最高处——皇帝宝座。

五　从皇后到女皇帝

显庆二年（657年）十二月，高宗与武皇后迁至陪都洛阳，并把洛阳定为东都。从战略上考虑，一旦遭受外族骚扰，洛阳可做后退之路；从环境上考虑，洛阳气候、景色宜人；还有一个只能意会不可言传的原因，那就是武皇后在京城长安太极宫，极其残酷地杀害王皇后、萧淑妃的时候，萧淑妃曾破口大骂："阿武妖猾，乃至于此，愿他生我为猫，阿武为鼠，生生扼其喉。"由此，武皇后对猫十分惧怕，不许在宫里养猫。有时，她做噩梦，见王皇后、萧淑妃的鬼魂向她讨还血债。

从《资治通鉴》的记载上看，萧淑妃破口大骂武皇后的杀人灭口是确有其事的，但武皇后不许养猫则是言过其实。再从唐高宗的身体状况上看，他患有风疾之病，长安太极宫地势低洼，而洛阳所居宫殿地势高敞，有利于唐高宗疗养和休息。

杀害王皇后和萧淑妃之后，武皇后基本稳定了后宫，这是她做的第一件事。之后又借用唐高宗的皇权之威，废了太子李忠，改封他为梁王，而把自己所生的儿子李弘扶上太子之位，这是武皇后干成的第二件事。调整外廷，竭尽全力四面出击长

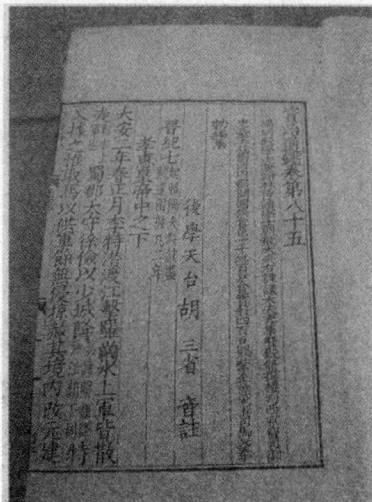

《资治通鉴》

从皇后到女皇帝

孙无忌，并把他置于死地，这是她用了四年
时间，使用冤假错案的手段完成的第三件大
事。

武皇后心满意足了吗？没有，她的下一
个目标是母仪天下。

（一）"二圣"临朝执政

高宗驾临东都洛阳以来，身体并不见好，
风疾引发的头疼经常发作，视力也逐渐变坏，
百官奏章批示，不得不让武皇后决断。她素
有办事果断之能力，唐高宗倍加赞许。

龙朔元年（661 年）四月，高宗要亲征
高丽，武皇后出面谏阻，高宗便言听计从，
下诏停止出征。次年的二月，武皇后主张改

乾陵地宫墓道入口

乾陵与无字碑

长安城古城墙外一景

革唐朝官名，即把门下省改为东台、中书省改为西台，尚书省改为中台、侍中为左相、中书令为右相等，这样的大事，也得到唐高宗的允许。

武皇后掌握执政权柄，她的心腹许敬宗、李义府等人也都随之升迁，官居宰相。李义府依仗自己是武皇后的亲党，又利用手中掌管选官的权力，贪污受贿，而他的儿子、女婿多有违法乱纪之事，惹起众怒。高宗得知，召李义府进殿劝诫："卿应该注意一些才是。"不料想，李义府勃然变色，质问道："是谁告诉陛下的？"高宗强压

乾陵石雕

怒气，说："你何必寻根问底，是我这样说的。"李义府根本不认自己的罪过，竟傲慢地起身迈着方步走出宫殿。

唐高宗意识到自己大权旁落的处境，便密召近臣上官仪进宫商讨对策。上官仪时任秘书监，进两台侍郎，同东西台三品。上官仪的主意是明确的，他说："皇后骄横，天下共怨。以臣之见，莫如将她废掉，以安人心，永保社稷。"高宗当即表示同意，遂命其起草废后诏书，欲摘下武皇后的凤冠。

但是，事与愿违，武皇后很快得到君臣

密谋废后的情报，她面带愠怒地出现在高
宗面前，严厉地质问皇上："我多年母仪
天下，倾心竭力辅佐皇上，为何不顾夫妻
之情，妄弃无辜！"面对武皇后的威严，
皇帝胆战心惊了，为了开脱自己，把这一
密谋废后的责任推到了上官仪的身上。

上官仪成了替罪羔羊。665年的年底，
武皇后、许敬宗合谋，称上官仪"密谋作
乱，其应斩首，籍没其家"。（《旧唐书》
第80卷、《上官仪传》）

从此以后，高宗每日视朝，武皇后必
垂帘，朝廷政事，表面由二人决断，实则
决于皇后，史称："二圣临朝"执政。武

乾陵全景

从皇后到女皇帝

乾陵蕃臣石像

皇后权势之大，离皇帝宝座只有一步之遥了。

（二）"建言十二事"

上元元年（674 年）十二月，武则天以天后的名义向皇帝上一道奏章，史称"建言十二事"，内容如下：

一、发展农桑，减轻赋税和徭役；

二、京师附近的百姓免除租税和徭役；

三、停止对外用兵，以道德教化天下；

四、普天下无分南北，不论宫内宫外一律禁止浮华淫巧；

五、避免大兴土木，节省开支和劳动力；

六、广开言路；

七、杜绝谗言;

八、王公以下都要学习老子的《道德经》;

九、父在母亡，为母守孝三年;

十、上元元年以前，有功劳的人已发给委任状的，无须再进行考核;

十一、京官八品以上增加俸禄;

十二、文武百官任职已久，才能高而职位低的，可以超级晋升。（《新唐书》第76卷，《后妃传》）

唐朝歌舞升平图

上述治理唐朝天下的十二条意见，是武则天第一次系统地阐述她的政治主张。结合当时国家的实际状况，可以说切中时弊，堪称富国强兵利民之策。

（三）唐高宗驾崩

高宗李治的风疾之症是遗传性的，其父唐太宗李世民患风疾常头疼，去世时才53岁。高宗因头晕走路需要人搀扶，还因经常恶心而饮食大减。最使他烦燥不安的是他的视力急剧下降，审阅奏章都很困难。高宗本来龙体久佳，却又纳武则天表姐韩国夫人、外甥女魏国夫人为枕席伴侣，更是托病不朝，任武则天处理朝政。

高宗在位期间曾剿灭了长期为患西域的西突厥

高宗李治即位十几年，为发展生产仍施行均田制；修成了《唐律疏义》三十卷，完善了大唐法律；重视进士科选拔人才，曾亲自策试举人九百之多；曾攻灭了长期为患西域的西突厥，扩大了疆域。总之，完成了太宗未竟事业，仍不失是一位先帝创业后的能够守成的君王。

高宗李治恪守孝道，性格仁儒有余但刚强不足，尤其在"二圣临朝"期间，太子李弘、李显等废的废、死的死，让他心神不宁，韩国夫人突然病殁、魏国夫人当众被毒死等命案接连不断地发生，使他惊恐万分而方寸大乱。到了弘道元年（683年）十一月，高宗李治病情严重，导致双目失明。十二月四日，56岁的高宗李治驾崩于东都洛阳贞观殿。

高宗李治驾崩不到一年，洛阳城里共发生了三次大规模的请愿活动，总参与人数多达六万余人，甚至继高宗皇位的李旦也加入了请愿队伍，他请求母亲武则天顺应天意民心当皇帝，儿自请降为皇嗣，允许改姓为武。

中国古代历史上传统的"三让而后受之"的禅让仪式落下帷幕了，武则天挺身而出，连声说道："俞哉！此亦天授也！"中国历史上的一代女皇就此诞生了。

乾陵与无字碑

六　武周取代大唐

武则天以 67 岁的年纪圆了君临天下之梦。她自称周王朝的后裔，因此改国号为周，定都洛阳，自称"圣神皇帝"，以十一月的岁首正为月，实行周历。原来的皇帝李旦降为皇嗣，改姓名为武轮。她还自名为"曌"，改"诏书"为"制书"。

（一）平定扬州叛乱

武则天以周代唐的改制，使唐朝宗室和名门望族的达官贵人受到致命的威胁，他们既哀伤又愤怒。于是，以徐敬业为首的"皇唐旧臣"在扬州发动了反对武则天的武装动乱。他们聚集兵马 10 万余人，拥徐敬业为大都督，魏思温为军师，骆宾王为参谋，组成强大的军事集团逼向洛阳。在舆论上，公开发表了骆宾王撰写的流传千古的檄文《代

乾陵鸵鸟石雕

乾陵与无字碑

李敬业传檄天下文》。檄文中深刻斥责武则天的各种罪状，公开号召天下人造武则天的反，尤其是"一抔之土未干，六尺孤儿安在"和"请看今日之域中，竟是谁家之天下"等语句，颇具感染力。当然，字里行间也充满了对武则天的人身攻击。

武则天急调30万大军，任命左王铃卫大将军李孝逸为大总管，以将军李知十、马敬臣为副总管、御史魏元忠为监军，日夜出击江淮讨伐徐敬业。历经40多天的激战，平定了叛乱，徐敬业和骆宾王被部将王那相斩首邀功投降。与此同时，甘作徐敬业叛军内应的宰相裴炎也被武则天送上了断头台。

此次叛乱被迅速平定，主因是人民群众要求和平安定，反对战乱；次因是武则天的"建言十二事"政策，受到广大百姓的拥护。

唐代瓷器

（二）开启告密之门

据《资治通鉴》载文：平徐敬业反叛后，武则天害怕再有人谋反，又虑自己久专国政，且私生活乱伦出轨，深知宗室大臣都有怨恨，为进一步严厉打击政敌，遂倡行

武周取代大唐

告密之举。

垂拱二年（686 年）三月初八，她下令用铜铸造四个箱子，分别涂上青、红、白、黑之色，分列于朝堂，起名叫做匦，亦是告密用的工具。面朝东的青色铜匦，谋求功名的可自我推荐；面朝南红色铜匦，专接人们对朝政意见；面朝西白色铜匦，受理申冤请求；面朝北黑色铜匦，接受人们告密。这四个铜匦功能齐全，设计制造精细周密。

有人揭发、检举、告密，就必须有人调查、审讯，那就要有执法严酷的官员——酷吏。据《新唐书》的《酷吏传》记载，武则天前后挑选任用酷吏共计 27 人，其中，"请君入瓮"的来俊臣和周兴最为臭名昭著。他们在"人可以接受死亡，却不能忍受痛苦"

乾陵长乐公主墓牌坊

乾陵与无字碑

乾陵永泰公主墓

的害人理念指引下，刑讯逼供，制造了40余起骇人听闻的冤假屈案。他们使用的"驴驹拔橛""仙人献果""死猪愁"等酷刑，令人毛骨悚然。酷吏来俊臣写了一本制造冤狱的书《罗织经》，道出了办案原则：根据皇帝的需要去打击那些对皇帝不利的人，打击得越深入越可以邀功请赏。书中还介绍了长寿二年（693年），即武则天登基三年之后，岭南酷吏万国俊办案，一天无辜杀害300余人的残酷经过。武则天任用酷吏14年，杀死数万人；有17位宰相被杀或被流放；我们熟知的宰相狄仁杰、魏元忠，都曾遭到酷吏迫害，九死一生。

酷吏政治严重破坏了司法制度，也严

武则天在位期间，治国有方，国泰民安

重破坏了人权人心。酷吏政治在一定时间内对维护武则天的统治发挥了重要作用。14 年后，酷吏政治基本结束。在此之前来俊臣等酷吏被武则天下令斩首示街以平民愤，而武则天则留下"为民除害"的赞许之声。

（三）重于选才任贤

除了酷吏，武则天还选拔了和使用了许多人才，既治理了国家，又巩固了武周政权。

载初元年（690 年）二月十四日，在洛阳城殿前面汇集全国贡士应诏考试的人群，武则天亲自进行面试，考经书、考国策；从外貌姿态到操行举止，逐一考察；然后任命官职。

继首创殿试先例后，她又创立了"自举"

乾陵与无字碑

112

制度，既毛遂自荐，申请做官。

她率先设立招收武官的"武举"制度，分射、骑射等七科，合格考取者同明经、进士一样待遇。

"试官"制度也是武则天开创的。据《唐会要》记述：长寿元年（692年）二月的一天，"女皇亲自召见了存抚所所举的举人，尽加擢用。六十人擢为拾遗、补阙，二十四人擢为御史，二十四人擢为著作郎及平事，二十人擢为卫佐，计一百二十八人，使官员数字大为增加。"

赫赫有名的狄仁杰，原任唐室大理丞、侍御史、豫州刺史等职，武则天即位初年，便任他为宰相，他处理遗留案件有方，做大理丞时一年就断案百起以上，无一人讼冤，深得各地百姓拥戴，享有"神探狄阁老"之美誉。狄仁杰一生政绩卓著，武则天亲切称呼他为"国老"。他比武则天大17岁，他去世时武则天痛哭流涕地说："老天不长眼，过早地夺走我的'国老'呵！"

（四）收复"安西四镇"

武则天君临天下之际，西部和西北边疆并不平静，突厥、吐蕃两大军事集团经

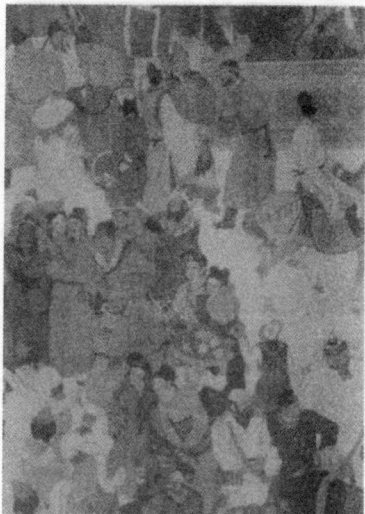

描绘大唐市井繁荣的图画

武周取代大唐

狄仁杰像

常侵扰，造成四镇危机，即丝绸之路的北道碎叶（今巴尔喀什湖以南楚河旁边）、中道的疏勒（今新疆疏勒）和龟兹，以及南道的于阗（今新疆和田）。

天授元年（690 年）九月，她选派王孝杰为威武军总管，与武卫大将军阿史那忠节率兵西征，十月间大破吐蕃军、突厥军，一举夺回了"安西四镇"，并在龟兹设立安西都护府，屯兵驻守。以后又派兵三万前往四镇戍边固防。

武则天继续推行府兵制，使武周政权拥有雄厚军事力量，固守边疆和安定内地均有可靠保证。

在武则天的周围，涌现了一大批优秀将领，如狄仁杰、程务挺、王孝杰、郭元振、黑齿常之、裴行俭、王方翼等人。他们"受命之日忘家，出门之日忘亲，张军彭宿忘主，援枹合战忘身"的"四义"准则，成为保疆卫国的灵魂。

新旧唐书均有记载，武则天提倡戍边军队进行屯田生产并取得很大成效，如名将黑齿常之在任河源军经略大使时，开屯田五千多顷，每年产粮五百万石，镇守边防七年，吐蕃不敢来犯。

乾陵与无字碑

七　天堂里的挽歌

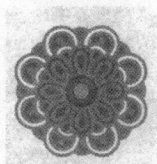

唐代仕女服

武则天称帝时已是 67 岁的老人了，但她在身体素质方面却有超人的表现，先是长出了新牙，起名叫智慧牙；76 岁的时候又生长出来八字眉，当然是长寿眉了。也就在这一年，即圣历二年（699 年），她又纳 20 多岁的美男子张易之、张昌宗兄弟为自己的男宠，人称五郎、六郎，居住宫中，夜夜侍寝。

武则天封张易之为司卫少卿，封张昌宗为云麾将军，赠其父张希臧为襄州长史，他们的母亲为太夫人，赏赐极多。在武则天看来，女人不必恪守儒家礼教，寻找私夫也无可非议。

张氏兄弟竞相豪奢，贪污受赂，欺压百

姓，武则天则听之任之。当她年近 80 岁时，体力精力均明显下降，好些朝政都交给二张处理，他俩大权在握，更肆行无忌，惹起文武百官的愤懑。

长安三年（703 年），武则天年满 80 岁了。她的体质和生理机能都在急剧衰退，身体很弱，经常卧床。

次年冬，武则天在洛阳宫寝养病，一个多月不见好转，她不见宰相和王公大臣，国事任由张氏兄弟处理。

神龙元年正月二十二日（705 年），宰相张柬之、太子李显等众多文臣武将联合发动了宫廷政变，杀死张氏兄弟，然后张柬之带兵进入武则天的寝宫长生殿，逼迫她下令太子李显监国。

神龙元年二月四日，唐中宗李显下诏改国号为唐，首都重新确定为长安，神都洛阳依旧称东都；宗庙、社稷、百官等一律恢复唐高宗去世那年（682 年）的制度；武周政权，毁于一旦。

神龙元年（705 年）十一月初二，82 岁的武则天，在上阳宫中长眠了。她的枕下是一纸仅有数语的遗书：去帝号，称则天大圣皇后；归葬乾陵；赦免王皇后、萧

唐代邛窑酱釉杯

天堂里的挽歌

淑妃及褚遂良、韩瑗、柳奭的亲属。

大臣崔融在《则天皇后挽歌》里写道："前殿临朝罢，长陵合葬归。山川不可望，文物尽成非！"武则天从 67 岁当皇帝到 82 岁临终前又自请当皇后，前后相距 15 年就"文物尽成非"了。当既无情又有情的岁月流逝到今天，武周历史距现在已有 1300 余年，我们再回首武则天的峥嵘岁月，是不是更有"文物尽成非"的感慨呢？

天堂里的挽钟敲响了 50 下，这预示着女皇武则天执政 50 年中的业绩：经济较为发展，社会比较稳定，人口从 380 万户增加

一代女皇逝去，举国悲伤

乾陵与无字碑

到 615 万户；在这个时期，民族关系总体上是正常的，虽有局部的战争，但大一统的国家是安定的。

武则天执政五十载，国家安定，社会稳定繁荣

天堂里的挽歌吟唱了 15 遍，这提示着人们不要忘记女皇武则天，在封建专制的男尊女卑的社会里，她君临天下，号令八方，建言十二事的实施，带来了科举、选贤任能等诸多方面的创新之举。

在天堂里的挽词中，尖锐批评了武则天滥用酷吏和迷恋男宠，并对他们所造成的恶劣后果负有不可推卸的责任。

天堂里的挽歌再次颂扬这样的事实：

一代女皇武则天注定将被载
入中国史册

女皇武则天的功绩上承"贞观之治"，下启"开元盛世"，当时的中国仍以伟岸的身躯傲立于世界。

纵观武则天的功过是非，天堂里垂下一副这样的挽联：上联是"一代女皇空前绝后"；下联是"八旬风流生荣死冥"，横批则是"任人评说"。

乾陵与无字碑